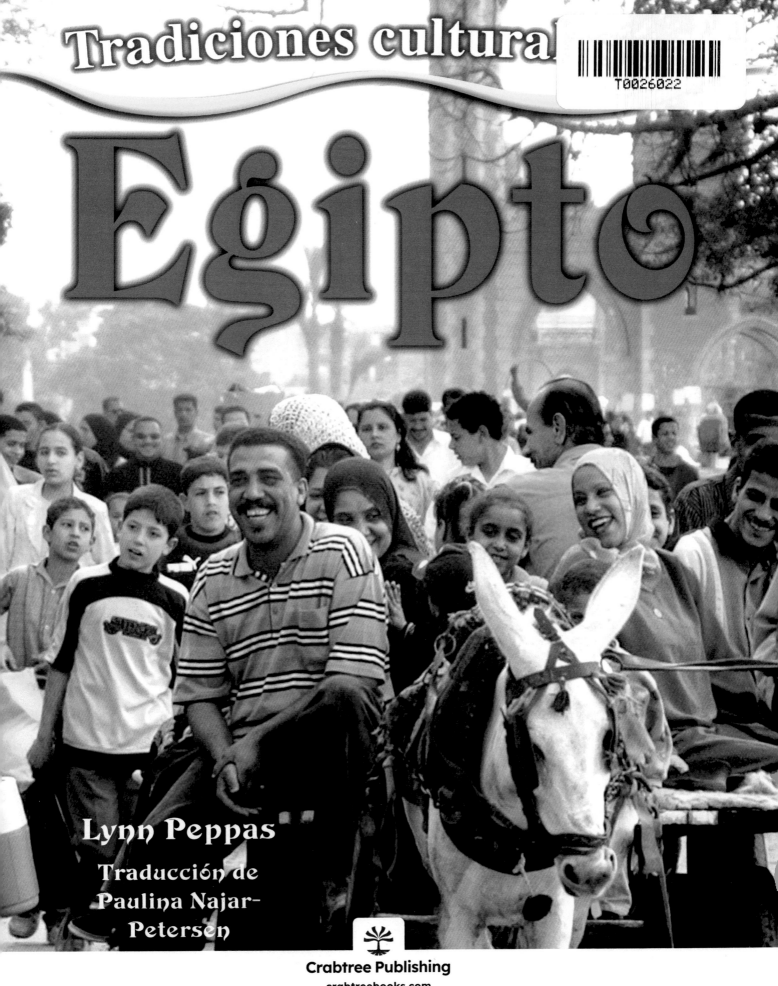

Tradiciones cultural

Egipto

Lynn Peppas

Traducción de
Paulina Najar-
Petersen

Crabtree Publishing
crabtreebooks.com

Crabtree Publishing

crabtreebooks.com   800-387-7650

Copyright © 2024 Crabtree Publishing

All rights reserved. No part of this publication may be reproduced, stored in a retrieval system or be transmitted in any form or by any means, electronic, mechanical, photocopying, recording, or otherwise, without the prior written permission of Crabtree Publishing Company. In Canada: We acknowledge the financial support of the Government of Canada through the Canada Book Fund for our publishing activities.

Author: Lynn Peppas
Publishing plan research and development:
    Sean Charlebois, Reagan Miller
    Crabtree Publishing Company
Project coordinator: Kathy Middleton
Editors: Adrianna Morganelli, Crystal Sikkens
Translation to Spanish: Paulina Najar-Petersen
Spanish-language copyediting and proofreading: Base Tres
Photo research: Crystal Sikkens
Design: Margaret Amy Salter
Production coordinator: Margaret Amy Salter
Prepress technician: Margaret Amy Salter
Print coordinator: Katherine Kantor

Cover: The Giza Plateau (top center); White Ibis (top right); camel (top left); Falukas on the Nile (middle center); lotus flower blossom (middle left); baskets with spices (middle right); date fruits (bottom left and right); King Tut's burial mask (bottom middle)

Title page: Egyptians celebrate the Sham Ee Naseem festival by enjoying a donkey cart ride.

Published in Canada
Crabtree Publishing
616 Welland Avenue
St. Catharines, Ontario
L2M 5V6

Published in the United States Crabtree Publishing
347 Fifth Avenue
Suite 1402-145
New York, NY 10016

Paperback   978-1-0396-4425-0
Ebook (pdf) 978-1-0396-4385-7

Printed in Canada/122023/CP20231206

Photographs:
Alamy: Robert Harding Picture Library Ltd.: page 6
Associated Press: Amr Nabil: title page, pages 7, 8, 11, 31; Khalil Hamra: pages 20–21
Dreamstime: Wisconsinart: page 15
Keystone Press: zumapress.com: pages 12, 29; Ahmed Asad/zumapress.com: pages 16–17
Shutterstock: cover (middle center and right, top left), pages 5, 18, 20, 23; Baloncici: page 4; Attila Jandi: page 9 (bottom); Jeremy Richards: page 10 (bottom); Galyna Andrushko: page 13; Iakov Fillimonov: page 14; Ana Menendez: page 24 (right); James A Dawson: page 26 (bottom); Mohamed Elsayyed: pages 27, 28
Thinkstock: cover (all except middle center and right and top left), page 24 (left)
Wikimedia Commons: page 9 (top); B. Simpson Cairocamels: page 10 (top); Man77: page 19 (inset); Francesco Gasparetti: page 19 (except inset); Berthold Werner: page 22; Kodak Agfa: pages 25, 26 (top left); Mohamed Adel: page 26 (top right); Daniel Mayer: page 30

ÍNDICE

Bienvenido a Egipto

Egipto es un país con una historia y una cultura muy **antiguas**. A la gente que vive en Egipto se les llama egipcios. La mayoría de los egipcios habla árabe. Los egipcios celebran su cultura con festivales y celebraciones especiales.

La capital de Egipto es El Cairo. Es la ciudad más grande de África.

La mayoría de los egipcios practica la religión del islam. A la persona que sigue el islam se le llama musulmán. Los musulmanes creen en un solo Dios llamado Alá. Ellos siguen el libro sagrado llamado Corán. Una parte muy pequeña de la población egipcia es cristiana, y a ellos les llaman cristianos coptos.

¿Sabías qué?
El islam es la religión oficial de Egipto. Es por esto que las celebraciones islámicas son **nacionales** o **públicas**. Las celebraciones cristianas no son nacionales. Solo los cristianos las celebran.

Los musulmanes rezan en construcciones llamadas **mezquitas**.

Celebraciones familiares

Los egipcios están muy orgullosos de su historia antigua, y muchas **tradiciones** de los **ancestros** se han transmitido desde hace miles de años. Se cree que pintar las manos y los pies a una novia la noche anterior a su boda trae buena salud y suerte; estos dibujos se pintan con henna. La henna es una tinta obscura color café-rojizo que permanece en el cuerpo alrededor de dos semanas.

La novia debe sentarse y permanecer muy quieta mientras sus amigas y familiares mujeres le dibujan los diseños de henna la noche anterior a la boda.

Los familiares y amigos siguen al bebé de 7 días de nacido con velas encendidas mientras sus padres lo llevan a dar una vuelta por toda la casa.

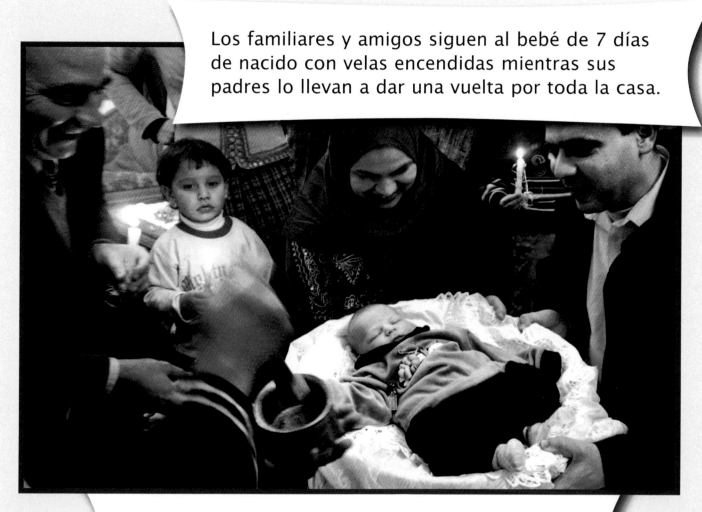

¿Sabías qué?
Los ruidos fuertes son parte de la celebración de Sebou. Estos ruidos se hacen con la intención de que el niño crezca siendo muy valiente.

Los egipcios creen que el número siete es de buena suerte. A los siete días después de que el bebé nace, se le llama Sebou. *Sebou* significa siete en árabe. Se organiza una celebración con un festín de comida y se avienta sal alrededor de la casa para proteger al bebé de cualquier cosa mala que pueda ocurrirle.

Mawlid

Los egipcios celebran el cumpleaños del **profeta** Mahoma con una fiesta nacional llamada Mawlid. Mahoma comenzó la religión del islam hace más de mil años. Los musulmanes creen que él era mensajero de Dios.

¿Sabías qué?
Los caballos y las muñecas son símbolos populares del Mawlid. Los símbolos son figuras especiales que representan o simbolizan algo.

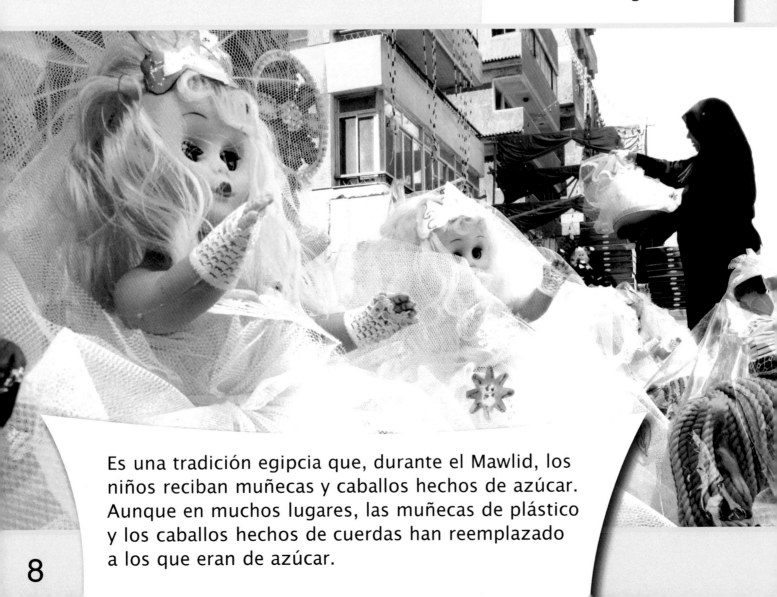

Es una tradición egipcia que, durante el Mawlid, los niños reciban muñecas y caballos hechos de azúcar. Aunque en muchos lugares, las muñecas de plástico y los caballos hechos de cuerdas han reemplazado a los que eran de azúcar.

El rostro de Mahoma (el ángel que sostiene al bebé) casi nunca aparece en las imágenes religiosas del islam. Esto es para que los musulmanes no alaben la imagen de Mahoma.

El Mawlid cae en distintas fechas cada año, pero siempre durante el tercer mes del **calendario islámico**. Los musulmanes rezan oraciones especiales en este día, y las ciudades son decoradas con muchas luces. En Egipto, la palabra Mawlid se utiliza también para celebrar a otros líderes religiosos y santos.

En una calle de El Cairo, Egipto, un señor vende ejemplares del Corán, el libro sagrado islámico. Los mensajes que Mahoma recibió de Dios están escritos en este libro.

Aíd al Fitr

Aíd significa festival o celebración. Aíd al Fitr es una de las celebraciones religiosas más importantes para los musulmanes de Egipto. Se celebra al final del Ramadán, que es un momento del año en el que los musulmanes **ayunan** un mes durante el día. En el Aíd al Fitr, los egipcios celebran con una gran comida y postres.

Para celebrar el fin del Ramadán se utilizan lámparas coloridas.

Durante la oración del Aíd, el líder islámico dice: «Alá (Dios) es grande». Cuando dice esto, los musulmanes, arrodillados en sus tapetes de oración, se inclinan hacia delante y tocan el piso con la cabeza.

Muchos musulmanes asisten a las mezquitas a orar durante el Aíd al Fitr. Regalan comida o dinero a los pobres. Familiares y amigos intercambian regalos. También es un momento para agradecer y perdonar a los demás.

Durante el Aíd al Fitr, muchos lugares organizan ferias con música, atracciones y fuegos artificiales.

¿Sabías qué?
El Aíd al Fitr es una celebración de tres días. Muchos egipcios no asisten esos días al trabajo o la escuela.

Eid al-Adha

El Eid al-Adha es un festival musulmán de tres días muy importante. A esta celebración religiosa también se le conoce como el Festival del Sacrificio. Cada año, la celebración cae en diferentes fechas según el calendario islámico. Normalmente, cae 70 días después del Aíd al Fitr.

¿Sabías qué?
Durante el Eid al-Adha, muchos musulmanes hacen peregrinaciones o viajes muy largos hacia la ciudad sagrada del islam, la Meca, en Arabia Saudita. Los musulmanes deben hacer la peregrinación una vez en su vida.

Durante Eid al-Adha, a los niños les gusta usar sombreros de fiesta y máscaras.

En el Eid al-Adha se honra la **obediencia** del profeta Abraham a Dios. Se cree que Dios le dijo a Abraham que le quitara la vida a su hijo pequeño para demostrarle su obediencia. Abraham, muy triste, estaba preparado para hacer lo que Dios le pedía. Al ver que Abraham haría lo que le había pedido, Dios se sintió agradecido y detuvo a Abraham antes de que tomara la vida de su hijo y, en vez de esto, le entregó una oveja para que la sacrificara.

Los musulmanes sacrifican cabras, borregos o cualquier animal de granja durante Eid al-Adha para recordar la historia de Abraham. La carne es dividida en tres partes. Una parte es para su familia, otra parte es para sus parientes y la última parte es para los pobres.

Año Nuevo

Los egipcios celebran más de un día el Año Nuevo. Normalmente, alrededor del mundo se celebra el Año Nuevo el primero de enero. Los egipcios celebran este día de Año Nuevo, pero no es un día festivo nacional.

En algunos lugares de Egipto celebran el Año Nuevo en la noche del 31 de diciembre con bailes y comida.

El Año Nuevo islámico se celebra el primer día del primer mes del calendario islámico, y se le llama Muharram. A esta fiesta religiosa se le llama *El am Hejir* en árabe, y normalmente se celebra en distintas fechas durante los meses de mayo o junio. El día de Año Nuevo islámico es una celebración nacional en Egipto. Todos los egipcios tienen el día libre en el trabajo y la escuela.

¿Sabías qué?
Los egipcios cristianos coptos celebran el Año Nuevo el 11 o el 12 de septiembre. No es una celebración nacional.

El am Hejir es una celebración más tranquila que el día de Año Nuevo el primero de enero. El día del El am Hejir los musulmanes se reúnen en las mezquitas para rezar y escuchar lecturas del Corán.

Navidad copta

La Navidad en Egipto es una fiesta religiosa que se celebra el día 7 de enero. Es una fiesta cristiana que celebra el nacimiento de **Jesús**. Aunque los musulmanes no celebran el nacimiento de Jesús, el día es una celebración nacional tanto para los cristianos como para los musulmanes de Egipto.

¿Sabías qué?
Durante la Navidad copta los cristianos comen un pan dulce llamado *kaik*. Es el mismo dulce que los musulmanes preparan para las fiestas del Aíd al Fitr.

La Nochebuena se celebra el 6 de enero y muchos cristianos en Egipto asisten a la iglesia. Después de ir a misa, comparten un platillo llamado *fata*, que normalmente se prepara con arroz y cordero. El día de Navidad se intercambian regalos. Amigos y familiares se reúnen para cenar pavo. Mucha gente cuelga luces de colores y decora sus casas con adornos navideños.

El papa Shenouda III fue un líder del cristianismo de El Cairo, Egipto. Murió el 17 de marzo de 2012. Aquí se ve dirigiendo su última misa de Nochebuena el 6 de enero de 2012.

Festival del Sol de Abu Simbel

El festival del Sol de Abu Simbel es una antigua celebración que tiene más de 3 000 años. El antiguo faraón o gobernante llamado Ramsés Segundo mandó construir el templo de Abu Simbel en su honor. Estatuas del faraón se encuentran dentro y fuera junto con estatuas de antiguos dioses egipcios.

Cuatro estatuas de Ramsés, de 66 pies (22 metros) de altura, resguardan la entrada del templo de Abu Simbel.

Sentadas junto a los dos dioses del Sol, se encuentran la estatua de Ramsés y la de Ptah, el dios de la obscuridad.

El festival se celebra el 22 de febrero, el día del nacimiento de Ramsés, y el 22 de octubre, el día en que fue nombrado faraón. Estos dos días son los únicos en los que el Sol brilla dentro del templo Abu Simbel sobre las dos estatuas de los dioses del Sol, Amun-Ra y Ra-Harkhti. Aunque no son días festivos nacionales, mucha gente viaja a Abu Simbel para celebrar este maravilloso evento cada año.

¿Sabías qué?
El templo de Abu Simbel fue trasladado 700 pies (213 metros) del río Nilo en Egipto en el año de 1960.

Día de la Liberación del Sinaí

El Día de la **Liberación** del Sinaí es una fiesta nacional de Egipto. Celebra la retirada del ejército de Israel de una parte de Egipto llamada Península del Sinaí. Se celebra el 25 de abril, y los egipcios tienen el día libre del trabajo y las escuelas.

Los egipcios asisten a presentaciones militares para celebrar el Día de la Liberación del Sinaí.

Alejandría

ISRAEL

EL CAIRO

Suez

Península del Sinaí

EGIPTO

ASIA

Sharm el-Sheij

Hurgada

Lúxor

ÁFRICA

Asuán

La Península del Sinaí es un pedazo de tierra que forma un puente entre el continente africano y el continente asiático. La Península del Sinaí en Egipto fue invadida por Israel durante la guerra entre Egipto e Israel en 1967. Diez años después, los dos países firmaron un acuerdo e Israel accedió a regresar la tierra a Egipto.

¿Sabías qué?
El **tratado de paz** que regresó la Península del Sinaí a Egipto se escribió en Camp David, en Maryland, E.U.A. El presidente de ese entonces, Jimmy Carter, ayudó a los líderes de estos dos países a llegar a un acuerdo en 1978.

Sham el-Nessim

Sham el-Nessim en árabe significa «huele la brisa». Es un festival que celebra el inicio de la primavera. Se trata de un día de fiesta nacional para todos los egipcios, y cae el lunes después de la Pascua, en algún momento entre abril o mayo. En Egipto, los cristianos coptos celebran la Pascua, pero no es un día de fiesta nacional.

Los cristianos coptos asisten a la iglesia durante el Sham el-Nessim. Esta iglesia en El Cairo se llama Iglesia Copta Ortodoxa de la Virgen María y es una de las iglesias más antiguas de Egipto.

En la mañana del Sham el-Nessim, muchos egipcios visitan parques o van al campo para disfrutar la brisa de la primavera y compartir la comida con amigos y familiares. Una tradición muy famosa durante el Sham el-Nessim es pintar huevos de colores brillantes, como se hace durante la Pascua en otros lugares del mundo.

Hace mucho tiempo, los antiguos egipcios ofrecían pescado con sal, lechuga y cebolla a sus dioses durante el Sham el-Nessim. Hoy en día, los egipcios comen un platillo que incluye estos ingredientes.

Los huevos pintados con colores brillantes son un símbolo de la primavera y de que un nuevo comienzo está por empezar.

23

Día del Trabajo

El Día del Trabajo es un día que se celebra en muchos lugares alrededor del mundo. Honra el trabajo de la gente. En Egipto, el Día del Trabajo cae el 1 de mayo. Comercios, oficinas y escuelas permanecen cerradas durante este día. La gente celebra compartiendo con amigos y familiares.

El Día del Trabajo es un momento para recordar y agradecer a la gente por el duro trabajo que hace cada día.

Muchos otros países, como el Reino Unido y Francia, también celebran el Día del Trabajo el 1 de mayo. Algunos países celebran el Día del Trabajo en diferentes fechas. Canadá y Estados Unidos celebran este día el primer lunes de septiembre.

Los egipcios disfrutan su día libre en el trabajo y la escuela pasándolo en compañía de amigos y familiares.

Eid el-Galaa

El Eid el-Galaa celebra el día en el que las fuerzas británicas se retiraron de Egipto. Es el 18 de junio. También se le llama Día de la Evacuación. Evacuación significa irse.

El Día de la Evacuación muchos egipcios ondean banderas nacionales de Egipto.

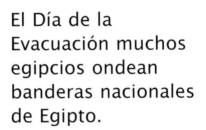

¿Sabías qué?
Eid el-Galaa no es una celebración nacional. Es por esto que la mayoría de las oficinas de gobierno, lugares de trabajo y escuelas permanece abierta.

Artículos con los colores nacionales de Egipto se ven en todas las calles durante el Eid el-Galaa.

La Gran Bretaña ocupó o controló Egipto durante la Primera Guerra Mundial. En la **Revolución** Egipcia de 1952, los egipcios forzaron a las tropas británicas a salir de Egipto. El país finalmente obtuvo su **independencia** de la Gran Bretaña el 18 de junio de 1956. Los egipcios celebran su independencia asistiendo a ceremonias gubernamentales.

Día de la Revolución

El Día de la Revolución es una celebración nacional. Cada año cae el 23 de julio para celebrar el **aniversario** de la Revolución Egipcia de 1952. Muhammad Naguib fue el líder de la revolución que forzó a las tropas británicas a abandonar Egipto. El rey Farouk fue retirado del poder y Egipto se convirtió en una **república** independiente. Entonces, en 1953, Muhammad Naguib se convirtió en el primer presidente de Egipto.

En tanto que Muhammad Naguib se declaraba líder de la revolución, Abdel Nasser era realmente la fuerza detrás de ella. Fue el segundo presidente de Egipto y es reconocido por los egipcios durante el Día de la Revolución.

Los egipcios celebran el Día de la Revolución organizando desfiles y conciertos. Los edificios son decorados con luces de colores y amigos y familiares se juntan para preparar grandes banquetes. Muchos egipcios se reúnen para escuchar discursos del actual presidente sobre la revolución.

El expresidente de Egipto, Mohamed Morsi, dio el discurso del Día de la Revolución en 2012.

Día de las Fuerzas Armadas

El Día de las Fuerzas Armadas es una fiesta que celebra a los hombres y mujeres que han servido en el ejército egipcio. Cada año se celebra el 6 de octubre, el día en que comenzó la guerra en 1973. Ese día, las fuerzas armadas egipcias intentaron recuperar la Península del Sinaí de Israel.

Durante el Día de las Fuerzas Armadas, algunos egipcios visitan el monumento a la guerra en El Cairo. Este monumento tiene un mural en tercera dimensión y una detallada descripción de las victorias de Egipto durante la Guerra de 1973.

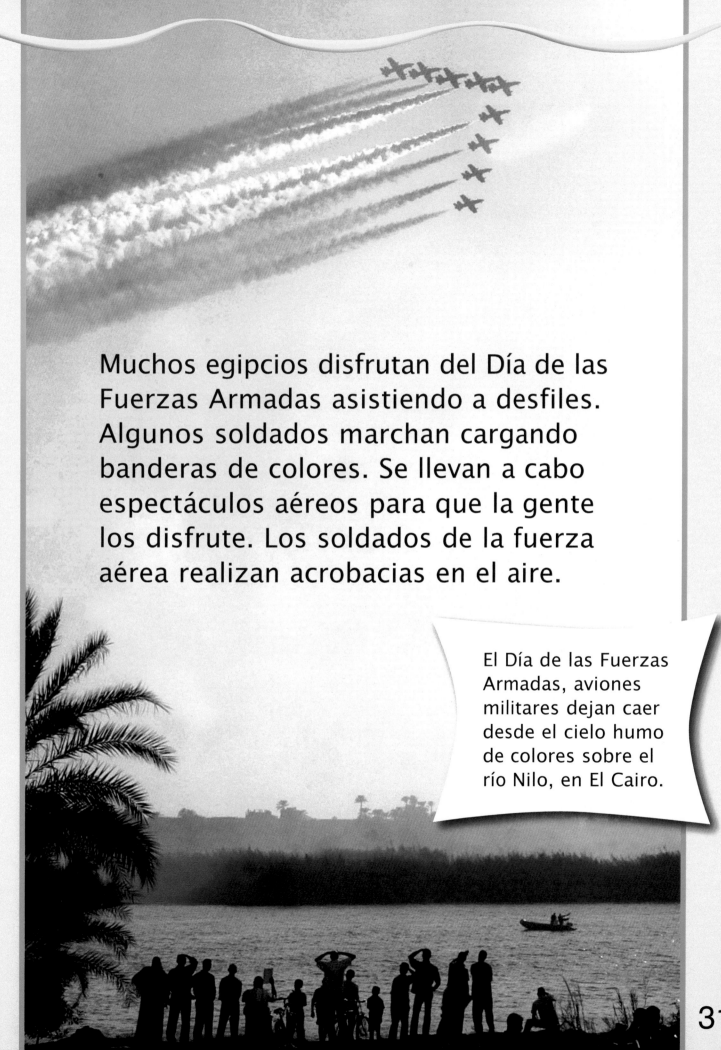

Muchos egipcios disfrutan del Día de las Fuerzas Armadas asistiendo a desfiles. Algunos soldados marchan cargando banderas de colores. Se llevan a cabo espectáculos aéreos para que la gente los disfrute. Los soldados de la fuerza aérea realizan acrobacias en el aire.

El Día de las Fuerzas Armadas, aviones militares dejan caer desde el cielo humo de colores sobre el río Nilo, en El Cairo.

Glosario

ancestros: Parientes de hace mucho tiempo de una persona.

aniversario: Una fecha que se celebra cada año y marca un evento importante.

antiguas: Que son muy viejas, de hace miles de años.

ayunan: Que dejan de comer por un largo periodo.

calendario islámico: Un calendario que utilizan los musulmanes basado en los ciclos de la Luna.

independencia: Liberación del control que tiene un país sobre otro.

Jesús: Los cristianos creen que es el hijo de Dios.

liberación: Volverse libre.

mezquitas: Una construcción religiosa en la que los musulmanes hacen oraciones.

nacionales: Relacionado con todo un país.

obediencia: Disposición a hacer caso a alguien.

profeta: Alguien que lleva el mensaje de Dios.

públicas: Relacionadas con las personas o ciudadanos de un país.

república: Una forma de gobierno en la que la gente elige a sus líderes.

revolución: Cuando la gente de un país pelea en contra de su líder para cambiar al gobierno.

tradiciones: Las costumbres o creencias que comparte un grupo de personas y se transmiten desde los antepasados.

tratado de paz: Un documento escrito que promete nuevos acuerdos entre dos países para que terminen las peleas.

Índice analítico